AF402574

LETTRE

DE

Fˢ. DE VOLTAIRE

A

JOSEPH DE CHÉNIER.

SECONDE EDITION.
Prix : 75 centimes.

DE L'IMPRIMERIE D'A. ÉGRON

À PARIS,

Chez
{
Marchand, Libraire, au Palais du Tribunat, 1ʳᵉ. galerie de bois, n°. 88.
Bacot, Libraire, Palais du Tribunat, 2ᵉ. galerie de bois, n°. 58.
}

M. DCCC. VI.

LETTRE

DE

Fˢ. DE VOLTAIRE

A

JOSEPH DE CHÉNIER.

Au Purgatoire, le 16 mars 1806.

Vous avez très-bien fait, mon cher Confrère, de ne pas envoyer votre Epître

Devers le Paradis dont Céphas est portier ;

je n'y suis pas encore, mais j'y serai quelque
jour. Vous me l'avez adressée dans l'*Elysée
antique*, parce qu'il vous paroissoit *plus
poétique*. On a dit à votre facteur de tour-
ner *devers* l'Enfer ; mais Satan a fait faire

d'inutiles recherches dans l'empire qu'a cé-
lébré Milton. Je suis dans le Purgatoire,
mon cher Confrère, et je l'ai bien mérité.
J'expie quelques fautes que des gens sensés
m'ont souvent reprochées là-haut, avec
justice, et que je me reproche à moi-même
sincèrement ici-bas. La tolérance et l'hu-
manité, dont j'ai été l'éloquent apôtre,
m'auroient obtenu le Paradis; mais les blas-
phêmes, les impiétés et les railleries amères
contre le culte, dont les opuscules de ma
vieillesse sont remplis, m'ont fait condam-
ner justement à quelques années de purgatoire. C'est dans ce lieu d'expiation que
votre Epître m'a été remise.

Je vais vous répondre. Ce sera pour moi
un délassement, en attendant que je sois
introduit dans ce lieu que vous dépeignez si
convenablement, où les Anges

De prologues sans fin lassent la Trinité,
Et chantent l'opéra pendant l'éternité.

Il est bien vrai que s'ils s'en tiennent aux
prologues, ils ne chantent pas l'opéra. Il

est encore vrai que si cette musique ennuie la Trinité, elle doit être assez puissante pour la faire cesser dans l'occasion. C'est ce que j'espère.

Je vous dois un compliment sur votre esprit et sur votre style : vous avez retracé en vers harmonieux et faciles la longue et brillante carrière que j'ai parcourue; mais s'il faut louer vos talens, les mêmes éloges ne peuvent pas être donnés à votre conduite et à celle de vos compagnons dans vos temps révolutionnaires et dans le temps présent.

Pour appuyer vos folles conceptions et les sottises que vous avez faites, vous me citez toujours; vous citez Montesquieu, J.-J. Rousseau, Thomas, d'Alembert et autres; vous citez en dessous le roi de Prusse et l'impératrice de Russie. Vous faites assurément trop d'honneur à tous ces gens-là et à moi. Croyez qu'aucun de nous n'eût eu la folle présomption de penser faire de la France une République, en défendant à ses magistrats toute invocation et adoration de Dieu dans leurs cérémonies.

Je n'ai pas été témoin des événemens fameux qui ont fait tant de bruit en France, et qui, au dénoûment près, en feront si peu dans l'histoire; mais j'ai deux compagnons de mon purgatoire, MM. Bailly, de l'académie française, et M. de Boisgelin, ancien archevêque d'Aix, et mort en dernier lieu archevêque de Tours. M. Bailly est ici pour avoir voulu cesser d'être académicien; et M. de Boisgelin pour certaines peccadilles dont un archevêque n'est jamais tout-à-fait exempt. (1)

Ces deux Messieurs se promenoient ensemble, et s'entretenoient de ce qui se passe

____

(1) M. de Boisgelin seroit dans l'enfer, s'il avoit été athée comme M. Delalande l'a prétendu. (*Voyez* le supplément au *Dictionnaire des Athées.*) Si M. Delalande ne se convertit pas, il ira dans cet enfer retrouver les bêtes immondes, telles que les araignées, qu'il y précipite journellement.

[5]

là - haut. Les journaux nous parviennent, et il faut convenir que la prose, qui contient le récit de ces événemens illustres , fera peut-être un jour autant de bruit que vos écrits, *nés d'un souffle divin , et qu'aucun pouvoir absolu ne cherche à anéantir.* (1)

Je leur criai de loin : *Joseph de Chénier!* Ils accoururent, croyant vous rencontrer ; mais ils ne trouvèrent que la feuille volante dont il vous a plu de me gratifier.

« Mon cher Voltaire, me dit M. Bailly, voilà une épître dans laquelle il y a des vers parfaitement bien tournés ; mais j'y remarque l'esprit d'orgueil, d'entêtement et de vertige qui a tout bouleversé, et qui a si long - temps couvert notre malheureuse patrie de ruines et d'échafauds. Tout le mal vient de ceux qui ont voulu établir le gou-

____

(1) Page 21 de l'*Epître*, vers 18 et 19.

vernement républicain dans un pays tel que le nôtre.

» Cette idée n'a jamais été celle de l'Assemblée constituante. La doctrine établie depuis, quand la République fut décrétée sur la proposition d'un comédien, n'a jamais été la nôtre. Je me suis trompé, et je l'ai assez chèrement payé, en croyant qu'une assemblée pouvoit dépouiller un roi de son autorité, pour la lui rendre avec les modifications décrétées par elle. Mais de ce qu'un roi a été foible et une assemblée imprudente, il ne s'en suivoit pas que le Gouvernement de plusieurs fût convenable à la France. Lorsque M. Collot-d'Herbois eut fait décréter la République par acclamation, M. Chénier et ses compagnons se crurent à Athènes ou dans la place publique de Rome. Ils déclarèrent souverainement, et sans appel, qu'il n'y avoit de raison et de philosophie que dans le gouvernement démocratique, dégagé de toute distinction sociale et de tout culte public.

» Ils détruisoient ainsi les principes de la nécessité d'un pouvoir sacré et héréditaire, posés par nous dans l'Assemblée constituante, et d'un culte public salarié par le Gouvernement. Ils agissoient contrairement aux opinions de Mirabeau, qui eût voulu une autre dynastie ; désir partagé alors par d'autres députés moins francs, et qui n'en disent rien aujourd'hui. En quoi ces opinions, que la folle effervescence de M. Chénier et autres nous a fait payer de nos têtes, étoient - elles contraires à la philosophie, au bon sens et à la raison ?

» Dans vos nombreux écrits, mon cher Voltaire, je cherche vainement ces principes républicains et exclusifs, adoptés avec tant de précipitation et d'enthousiasme. J'ai vu, dans tous les ouvrages que vous avez avoués, le plus profond respect pour la puissance royale ; la haine la plus forte et la plus prononcée pour les autorités intermédiaires, qui cherchoient à éterniser des abus qui n'étoient profitables qu'à elles. Il

[8]

me seroit facile de vous rappeler plusieurs morceaux de vos écrits, qui montrent le danger du gouvernement populaire, et la nécessité, dans certaines circonstances, de se soumettre au pouvoir bien ordonné d'un seul.

» Relativement à la religion, lorsque vous n'avez pas été emporté par une agitation plus poétique que raisonnable, vous avez rendu aux vertus d'un grand nombre de ses ministres un hommage non suspect. Si vous avez voulu l'écraser, ce n'a été que métaphoriquement, en terminant vos lettres à un receveur particulier du domaine du roi (1); mais j'ai toujours retenu ce passage d'une de vos lettres, en date du 16 août 1774.

» *Je ne saurois approuver qu'on dise tant de mal des prêtres, sans aucun correctif. Il est très-certain qu'il y a parmi eux de très-belles âmes, des*

____

(1) M. Damilaville.

évéques ; des curés sages et charita-
bles. Il ne faut jamais attaquer un
corps tout entier , excepté les Jé-
suites. (1)

» Vous n'avez nulle part demandé la République , et cru possible de la substituer à
l'autorité royale , dont notre grand pays ne
peut se passer. Qu'on lise ce que vous avez
si éloquemment écrit sur les grands et sages
projets de M. Turgot, pour faire bénir l'autorité royale , ce véritable domaine natio-
nal. Ils mentent donc à leur conscience ,
ceux qui appuient de votre autorité les mo-
dernes et prétendues philosophiques conceptions de leur esprit.

» Leur imposture est plus palpable encore, quand ils veulent appuyer leur politique des opinions de Montesquieu. Ils sa-
vent bien que ce n'est pas dans le gouverne-

____

(1) Edition de Beaumarchais, *Correspondance*
générale , tom. 11 , pag. 362.

ment républicain que ce grand homme trouve que la liberté civile est placée; il la voit dans une constitution dans laquelle le roi est inviolable, sacré et héréditaire.

» Quant à la religion, il la regarde comme une loi civile nécessaire.

» *C'est*, dit-il, *mal raisonner contre la religion, de rassembler dans un grand ouvrage une longue enumération des maux qu'elle a produits, si l'on ne fait en même temps celle des biens qu'elle a faits.* » Esprit des Lois, liv. 34, ch. 2.

« *La religion, même fausse, est le plus sûr garant que les hommes puissent avoir de la probité des hommes.* » Id., L. 34, ch. 8.

» *Plutarque nous dit, dans la* Vie de Numa, *que du temps de Saturne il n'y avoit ni maîtres, ni esclaves. Dans nos climats, le christianisme a ramené cet âge.* » Id., L. 14, ch. 7.

» J.-J. Rousseau, qui adoroît avec raison la république dans les lieux qui pou-
voient la recevoir , mêle toujours, dans ses
discussions politiques, la religion avec les
autorités civiles, dont il discute les avantages et les inconvéniens. Qui ne sait par
cœur ce beau passage où se trouvent si bien
amalgamés ces deux ressorts de la politique sociale., l'autorité civile et la religion !

» *A ne considérer , comme nous
faisons, que l'institution humaine, si
le magistrat qui a le pouvoir en main,
et qui s'approprie tous les avantages
du contrat, avoit pourtant le droit de
renoncer à l'autorité, à plus forte raison le peuple, qui paie toutes les fautes
des chefs, devroit avoir le droit de renoncer à la dépendance ; mais les dis-
sentions affreuses, les désordres in-
finis qu'entraîneroit infailliblement ce
dangereux pouvoir, montrent plus que
toute autre chose, combien les gouver-*

nemens humains avoient besoin d'une base plus solide qué la seule raison , et combien il étoit nécessaire au repos public que la volonté divine intervînt, pour donner à l'autorité souveraine un caractère sacré et inviolable , qui ôtât aux sujets le funeste droit d'en disposer. Quand la religion n'auroit fait que ce seul bien aux hommes , c'en seroit assez pour qu'ils dussent encore la chérir et l'adopter, même avec ses abus , puisqu'elle épargne encore plus de sang que le fanatisme n'en fait répandre. (Discours sur l'origine et les fondemens de l'inégalité parmi les hommes, tome 1 , page 43 , édition de Genève, in-4°.

» Quel contraste entre ces sages et profondes réflexions , et ces doctrines démagogiques, qui n'ont produit que confusion et calamité ! Il est en paradis, ce bon Jean-Jacques, et en y arrivant, mon cher Voltaire, il faut réparer vos torts envers lui , suivre les conseils éloquens de celui qui vous écrit (1), et embrasser Rousseau pour ces belles paroles et pour la profession de foi du vicaire savoyard.

» Il y a bien de la maladresse à M. Chénier de nous rappeler MM. Raynal et Marmontel. Ces deux illustres écrivains vouloient, ainsi que nous, la réformation des abus ; mais personne n'ignore que Raynal a déclaré publiquement qu'il ne donnoit aucune approbation aux extravagances dont il étoit le témoin ; et peu de

---

(1) Voici les vers de M. de Chénier ; ils sont en effet très-beaux.

Moins paré, mais plus beau, mieux inspiré par elle, (la Nature)
D'après elle toujours voulant nous reformer,
En écrivant du cœur Rousseau les fit aimer.
O Voltaire ! son nom n'a plus rien qui te blesse :
Un moment divisés par l'humaine foiblesse,
Vous recevez tous deux l'encens qui vous est dû.
Réunis désormais, vous avez entendu,
Sur les rives du fleuve où la haine s'oublie,
La voix du genre humain qui vous réconcilie.

Page 14 de l'Epître.

temps après cette rétractation, votre Chénier fut souverain pour un douze centième,
Destournelles fut ministre, Grouvelle,
ambassadeur, et Dugazon, colonel. On
sait que les mêmes sentimens ont accom-
pagné Marmontel au tombeau.

» Quelques bons esprits ont pu se trom-
per en croyant possible l'établissement du
gouvernement républicain au milieu de
nous : mais il y a long-temps qu'ils ont
reconnu une erreur trop funeste. Les meil-
leurs et les plus grands esprits dans les
lettres, dans les administrations et dans les
tribunaux, aiment la monarchie, qui a
rendu aux Français leurs habitudes, leurs
mœurs et leur religion ; tous en sentent la
nécessité, tous se réunissent au monarque
pour réparer le mal et pour faire le bien.

» La résistance morale de M. Chénier
et de quelques autres écrivains, ne pren-
droit-elle pas sa source dans la vanité litté-
raire, la plus boursouflée de toutes les va-
nités? Ces Messieurs ne veulent pas changer

leur opinion , parce qu'ils l'ont une fois manifestée ; ils croyent graver sur le marbre ce qu'ils écrivent sur une feuille volante, dont bientôt on ne garde aucun souvenir.

» Cet entêtement ridicule me met en colère. Au reste , qu'ils écrivent et qu'ils fassent ce qu'ils voudront : peu m'importe, je suis mort ; mais au moins qu'ils ne cherchent pas à me déshonorer, en m'associant à la populaire et impraticable théorie qu'ils ne cesseront jamais de caresser.

» Ainsi , Montesquieu, J.-J. Rousseau, Raynal, Marmontel , vous et moi, et une foule d'autres morts ou vivans , nous donnons notre malédiction à M. Chénier et à ses compagnons , obstinés et irréligieux républicains comme lui. »

Il faut, mon cher Confrère , pardonner cet emportement à M. Bailly ; il est mort avant le temps, et cela n'est pas gai.

M. de Boisgelin sourit aux dernières paroles de M. Bailly ; il est plus calme que notre académicien, il a vu mettre un terme à son exil ; il est mort naturellement dans son lit, revêtu d'une dignité honorable, aimé et estimé de ses concitoyens. Mon cher abbé, lui dis-je, (observez que je lui dis, mon cher abbé, et non pas monseigneur, parce que nous sommes tous égaux en purgatoire ; en passant ; c'est le seul lieu d'égalité, car le tartare avoit un roi, et l'enfer en a un, Pluton et Satan.) Mon cher abbé, vous venez fraîchement de là-haut, instruisez-nous ; est-il vrai qu'il arrive,

> Malheur aux partisans d'un âge téméraire,
> Trop long-temps égaré sur les pas de Voltaire ?

Est-il vrai *qu'on ne conserve plus que le droit de penser en secret* (1) ? *Est-il vrai que la sottise préche et que la raison se taise* (2) ?

Avez-vous entendu les cloches et les

---

(1) Page 19 de l'*Epître.*
(2) *Idem.*

docteurs dont il est fait mention dans ces vers :

Aux accens prolongés de l'airain monotone,
S'éveillant en sursaut, la pesante Sorbonne
Redemande ses bancs à l'ennui consacrés,
Et les argumens faux de ses docteurs fourrés. (1)

« Ma foi, messieurs, nous dit M. Bois-gelin, jamais calomnie n'a été plus auda-cieuse ! jamais on n'a si témérairement avancé des faits contraires à la vérité, et dont la fausseté puisse être aussi facilement démontrée. On ne s'est opposé , on ne s'op-pose encore à la publication d'aucun écrit favorable à toute philosophie, et même à la philosophie de M. Chénier. La preuve en existe dans un journal nommé jadis *La Décade*, et qui a pris le nom de *La Re-vue*. Qu'on lise les cahiers qui le compo-sent, depuis le gouvernement dont M. Ché-nier se plaint, et on jugera, si on peut s'exprimer, dans le sens philosophique,

____

(1) Page 19 de l'*Epître.*

comme l'entendent ces messieurs, avec plus de liberté et plus de force. La preuve en existe dans une foule d'ouvrages qui circulent librement, et qui, sur les matières politiques et religieuses, trouvent le mieux dans ce qui n'existe pas au milieu de nous.

» On prohibe certains ouvrages, sans doute, et on les prohibe, non comme philosophiques, mais comme séditieux. Entre nous, est-ce à M. Chénier à se plaindre de cette prohibition ? Si ce que desirent ces écrivains se réalisoit, que deviendroit M. Chénier ? où seroit son asile et celui de ses pareils ?

» La Raison, loin de se taire, s'exprime maintenant en France avec une liberté qui charme tous les bons esprits. Si quelques sots ou quelques fanatiques se mêlent de la conversation, c'est un inconvénient auquel on ne peut échapper, ni dans les salons, ni dans les cours. Dans les salons il faut éviter le parleur, et dans les cours le faire taire. C'est ce que l'Empereur a fait plusieurs

fois, et c'est ce qu'il fera encore sans aucun ménagement : soyez - en bien con-
vaincus.

« Quant à la religion, ce que dit M.
Chénier est rebattu, ridicule, et a, en
outre, le défaut de n'être pas vrai. Lisez
le Concordat, lisez sur cette matière les di-
vers actes du Gouvernement : je ne vous
demande pas autre chose, et vous verrez,
vous M. de Voltaire, que les abus qui
souvent ont été les sujets de vos justes
plaintes, sont tous réformés et ne peuvent
plus renaître. Vous verrez que les attribu-
tions des deux puissances sont très-distinc-
tes; que la temporelle régit, gouverne,
commande; que l'autre n'a sur les âmes
qu'un empire spirituel qui ne s'étend ni sur
les corps ni sur les biens. »

« Je sais que, même avec ces modifications, la religion déplaira toujours à M.
Chénier, parce qu'il a philosophiquement
déclaré que dans un pays bien policé, il
ne falloit de religion d'aucune espèce. Mais

en cela il n'est d'accord ni avec Montes-quieu , ni avec J. J. Rousseau qui en sa-voient autant que lui , ni avec l'expérience constante de l'ordre social établi chez tous les peuples que nous connoissons. »

» Au reste les hommes ne se gouver-nent point par des systèmes et par des théo-ries philosophiques soit en prose, soit en vers. Ce n'est point du Parnasse que le Code Civil est arrivé aux Français. Ils se-ront tranquilles et heureux en dépit de **M.** Chénier et de ses compagnons, qui sont heureusement dans l'impuissance de trou-bler leur tranquillité , et de rendre de nou-veau précaire l'existence de leurs conci-toyens et la leur propre. »

Ces messieurs sont un peu durs, mon cher Confrère, et , malgré les éloges que vous me donnez, je ne peux m'empêcher de vous dire que je suis complétement de leur avis. La philosophie est bonne , mais

Est modus in rebus , sunt certi denique fines.

Je dois, mon cher Confrère, ajouter quelques observations à celles de ces messieurs, Vous parlez du roi de Prusse qui, dites-vous, *remporta la victoire pour rimer* (1) et qui

Aima sans l'estimer l'autorité suprême,
Et sourit sur le trône à la liberté même.

J'ai connu mieux que vous ce roi *histo-rien, philosophe et soldat.* Je vous invite à lire ses œuvres et surtout la partie de ses œuvres qui renferme sa correspondance. Vouz y appendrez quelle étoit la nature de son sourire quand il parloit de conceptions de certains esprits et de leur manière de voir en gouvernement et en liberté. Si la déesse de la liberté se fut présentée devant lui, soyez sûr que le sourire de Frédéric lui eût paru une horrible grimace.

Passons de la politique à la poésie. Je lis dans votre épître :

Quand, égal à Sophocle et vainqueur de Corneille,
Racine, d'Athalie enfantoit la Merveille.

____

(1) Page 12 de l'*Epître*, vers 1 et 2.

J'ai dans mes écrits préféré Racine à Corneille. Je ne parlois pas avec franchise. J'a-
vois, modestie à part, un trop grand talent pour croire à cette supériorité. Soyez
sûr que ce grand homme est encore *invain-
cu*, pour me servir d'un mot de lui qui n'a
pas fait fortune.

Vous êtes très - galant, mon cher ami,
vous dites :

Elle (1) unit le savoir à des mœurs élégantes ;
Inspira dans Paris, à cent femmes charmantes,
Le goût de la lecture et des doux entretiens. (2)

Ne semble-t-il pas, à vous entendre, que
l'élégance dans les mœurs, le goût de l'étude
et l'art de la conversation ne datent que de
l'ère de votre philosophie ? Je ne peux par-
tager votre opinion. J'ai dit en prose et en
vers, que le siècle de Louis le grand avoit
été le siècle de la politesse.

---

(1) La Philosophie.

(2) Page 17 de l'*Epître*, vers 4.

[23]

En prose. « On a moins de génie que dans le siècle de Louis XIV , moins de vrai talent, moins de grâce et de politesse; mais on a beaucoup plus d' connoissances : notre philosophie n'est pas à dédaigner. » (1)

En vers :

> Bientôt on voit le plus beau des spectacles,
> Ce siècle heureux , ce siècle des miracles ,
> Ce grand Louis , cette superbe cour,
> Où tous les Arts sont instruits par l'Amour.
> L'Amour bâtit le superbe Versailles ;
> L'Amour , aux yeux des peuples éblouis ,
> D'un lit de fleurs fait un trône à Louis ,
> Malgré les cris du fier dieu des batailles.
> L'Amour amène au plus beau des humains
> De cette cour les rivales charmantes,
> Toutes en feu , toutes impatientes :
> De Mazarin , la nièce aux yeux divins ;
> La généreuse et tendre La Vallière ;
> La Montespan, plus ardente et plus fière. (2)
>
> . . . .
> . . . .

----

(1) *Correspondance générale*, tome 12, p. 104, édit. de Beaumarchais.

(2) Vision du Père Boniface. *La Pucelle ,* chant 13ᵉ., pag. 241 , édit. de Beaumarchais.

Au reste, en qualité de Français et de poëte, je vous pardonne cette louange et son exagération.

Je continuois à faire sur votre Epître des observations de ce genre ; mais je m'aperçus que mes deux compagnons n'y prenoient aucun intérêt. « Messieurs, nous dit M. de Boisgelin, si vous m'en croyez nous laisserons là toutes ces misères. Lorsque vous nous avez appelés, mon cher Voltaire, nous parlions de la bataille d'Austerlitz et de ses prodigieux résultats. Les vers, si vous en exceptez ceux de Tyrtée, qui, dit-on, enflammoient les guerriers et les poussoient à la victoire ; les vers ont toujours très-peu influé sur la destinée des empires. Tant de gens en ont fait, tant de gens en font encore ; si peu de vers ont échappé à l'oubli, qu'il faut, pour qu'on s'en occupe, qu'ils soient *nés de ce souffle divin* (1) qui a produit l'*Il-*

---

(1) Page 21 de l'*Epître*, vers 19.

liade (1), les belles tragédies de Corneille, de Racine, et les vôtres, mon cher
compagnon. »

Nous cessâmes donc de nous occùper de
vous, pour nous entretenir de celui qui a
dans ses mains les destinées du monde ;
veuillez nous le pardonner.

Je ne veux point vous gronder, car vous
me louez trop bien, et sinon avec vérité,
du moins avec grâce. La poésie a ses li-
cences, j'en conviens ; mais, croyez-moi,
il est quelquefois bon et utile, politique-
ment et religieusement parlant, de ne pas
les outrepasser. Vous avez chanté la déesse
de la Raison ; devenez enfin raisonnable.
J'attends impatiemment la nouvelle de ce
changement, s'il a lieu ; ne trompez pas ce
consolant espoir.

Je vous embrasse, mon cher Confrère,
de tout mon cœur.

F. DE VOLTAIRE.

----

(1) Page 21,

Trois mille ans ont passé sur la cendre d'Homère.
